I0059089

UNION

DES

AMIS DE L'ORDRE.

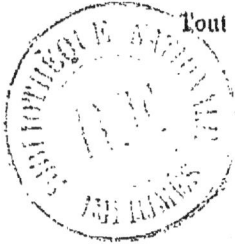

Tout par l'ordre, avec l'ordre et pour l'ordre.

RÈGLEMENT ORGANIQUE.

MARSEILLE

TYP. ET LITH. BARLATIER-FEISSAT PÈRE ET FILS,
rue Venture, 19.

1871.

UNION

DES AMIS DE L'ORDRE.

———◆———

RÈGLEMENT ORGANIQUE.

———◆———

ARTICLE PREMIER.

L'administration de l'association des Amis de l'Ordre est déléguée, par l'Assemblée générale, à une Commission élective composée :

D'un Président.

De deux Vice-Présidents.

D'un Secrétaire et d'un Secrétaire-adjoint.

D'un Trésorier et d'un Trésorier-adjoint.

Et de huit Commissaires.

Les membres de la Commission sont nommés pour un an, par bulletins collectifs et à la simple majorité.

Tous sont indéfiniment rééligibles.

Art. 2.

Le Président a la direction générale de l'Association. Il convoque les Assemblées générales ordinaires et extraordinaires. Il préside ces Assemblées, ainsi que les séances de la Commission administrative.

Art. 3.

Les Vice-Présidents remplacent, par rang d'âge, le Président absent ou empêché, dans toutes ses attributions.

Art. 4.

Le Trésorier est dépositaire des fonds de l'Association et en est responsable. Il fait les recettes et les dépenses ordonnancées par la Commission. Il tient des livres réguliers. Il doit déposer, en compte-courant, au nom de l'Association, chez un banquier désigné par la Commission, toute somme excédant mille francs. Le retrait s'opère par un chèque signé du Trésorier, visé par le Président.

Art. 5.

Le Secrétaire est chargé de la rédaction des procès-verbaux des Assemblées générales et des

séances de la Commission. Il fait la correspondance
et contre-signe les lettres signées par le Président.
Il tient le tableau des membres de l'Association.

Art. 6.

Le Trésorier-adjoint et le Secrétaire-adjoint
remplacent leurs collègues lorsqu'ils sont absents
ou empêchés.

Art. 7.

Dans la première séance qui suit les élections
annuelles, la Commission répartit entre les huit
Commissaires les attributions spéciales de chacun
d'eux.

Elle délègue :

Deux Commissaires aux recettes.

Deux aux dépenses.

Deux à la bibliothèque et aux journaux.

Deux à l'inspection générale des choses appar-
tenant à l'association.

Art. 8.

Les fonctions de la commission sont gratuites.

Elle choisit un agent général et un ou plusieurs garçons de service auxquels il est alloué
des appointements.

L'agent-général est chargé des détails de l'administration sous la surveillance et la direction des Commissaires spéciaux, auxquels il en rend compte.

Art. 9.

La Commission se réunit le premier et le troisième mardis de chaque mois. Elle peut être réunie extraordinairement par le Président. Elle doit l'être également sur la demande écrite de cinq de ses membres. Dans ces deux derniers cas les lettres de convocation indiquent l'objet de la réunion.

Art. 10.

La présence de huit membres est nécessaire pour la validité des délibérations de la Commission. Les décisions sont prises à la majorité des membres présents. En cas de partage, la voix du Président est prépondérante.

Art. 11.

La Commission dirige les affaires de la société.

Elle procède à la réception des membres de l'Association et, s'il y a lieu, à leur exclusion.

Elle choisit le local des réunions de l'Association, traite des baux, en arrête le prix, la durée et les conditions, sauf la sanction de l'Assemblée générale.

Elle arrête et règle les recettes, les dépenses, et le budget.

Elle décide toutes les contestations relatives aux divers services et prend toutes les mesures utiles.

En un mot, elle régit et administre l'Association dans les limites du règlement, et elle le fait exactement observer.

Ses décisions sont obligatoires pour tous les associés.

ART. 12.

Pour être admis membre de l'association, il faut être âgé de 21 ans accomplis; être présenté par deux membres, et être reçu au scrutin secret de la Commission administrative. Il sera délivré à chaque membre une carte personnelle. Les membres admis s'engagent : 1° à payer la quotité mensuelle, 2° à donner leur adhésion écrite au règlement.

ART. 13.

Les fils de membres peuvent être admis à

dix-huit ans révolus, en se soumettant aux formes ordinaires de réception.

ART. 14.

Le nom du candidat présenté, ses prénoms, profession et demeure sont affichés pendant un mois dans le local de l'Association. Tout associé peut adresser par écrit ou verbalement au Président des observations sur le candidat.

ART. 15.

Trois boules noires suffisent pour que le candidat ne soit pas admis. Tout candidat non admis ne peut être représenté avant un an.

ART. 16.

Tout membre qui veut cesser de faire partie de l'Association adresse sa démission par écrit au Président.

ART. 17.

En cas d'une infraction au règlement, le Président adresse au membre qui l'a commise les observations propres à le ramener.

En cas d'infractions répétées, ou si un ou plusieurs membres, par leurs propos ou discours, par leurs actes ou leur conduite, deviennent pour l'Association un sujet de scandale, de désordre ou de trouble, ils pourront, sur la plainte de l'un des membres de la Commission administrative, être mandés devant elle et, dans une séance extraordinaire, cette Commission décide en dernier ressort, dans la forme de ses délibérations, s'il y a lieu ou non de prononcer l'exclusion. Le membre exclu ne peut jamais être réadmis.

ART. 18.

Les dépenses de l'Association comprennent le loyer du local des réunions, les frais d'éclairage, les salaires des employés, l'abonnement aux livres et aux journaux, les frais d'impression des avis de convocation, en un mot tous les frais de gestion des affaires de l'Association.

ART. 19.

Il est fait face aux dépenses par une cotisation annuelle que chaque membre doit verser en mains du Trésorier, par trimestre et d'avance.

Le montant de cette cotisation est fixée par délibération de la Commission administrative, sauf la sanction de l'Assemblée générale.

Art. 20.

Les jeux prohibés par les lois et règlements, et tous ceux dont l'enjeu serait une somme d'argent, sont rigoureusement interdits au sein de l'Association.

Art. 21.

L'Assemblée générale se compose de l'universalité des membres de l'Association. Elle a seule le droit de modifier le règlement, de fixer le nombre de ses membres, de fixer la quotité annuelle et de procéder à l'élection des membres de la Commission administrative en remplacement des membres sortants.

Art. 22.

L'Assemblée générale est convoquée dans la première quinzaine de novembre pour entendre le compte-rendu fait par le Secrétaire et pour exercer, s'il y a lieu, les pouvoirs qui lui appartiennent en vertu de l'article précédent. Elle renvoie toujours à huitaine l'élection des membres de la Commission en remplacement des membres sortants.

Le scrutin doit rester ouvert pendant six heures au moins avant le dépouillement.

Art. 23.

L'Assemblée générale extraordinaire est convoquée par le Président, en vertu d'une délibération de la Commission administrative, ou sur la demande adressée au Président par le cinquième au moins des membres de l'Association. Cette demande doit formuler les propositions sur lesquelles l'Assemblée aura à délibérer.

Art. 24.

En cas de convocation ordinaire ou extraordinaire, des lettres envoyées à domicile, à tous les membres, annoncent le jour et l'heure de la réunion, et sommairement l'objet de la convocation. Toutes propositions étrangères à ce qui aura été fixé par l'ordre du jour sont interdites.

Art. 25.

Pour la validité des délibérations de l'Assemblée générale, il faut la présence du cinquième au moins des membres inscrits. Les présents délibèrent pour les absents. Les décisions sont prises à la simple majorité. Dans le cas où le cinquième au moins des membres inscrits ne serait pas présent, l'Assemblée générale est remise à huitaine, et, dans cette seconde réunion, les présents, quel que soit leur nombre, délibèrent pour les absents.

Art. 26.

La Commission administrative prononce sur le mode de votation, soit par assis ou levé, soit au scrutin secret.

Art. 27.

L'entrée des locaux de la Société est formellement interdite aux personnes étrangères à l'Association.

Le membre qui désire présenter un étranger doit faire inscrire sur un registre à ce destiné les nom, prénoms, profession et résidence de cet étranger, et apposer sa signature et faire apposer celle d'un autre membre en marge du registre. Il est délivré à l'étranger une carte signée du Président, valable pour un mois seulement.

Art. 28.

Toute demande de modification du règlement devra être signée par le cinquième des membres de l'Association et sera présentée à la Commission, qui en délibèrera en séance extraordinaire, et, à la diligence du Président, provoquera une assemblée générale de tous les associés pour voter sur les modifications proposées.

ART. 29.

Le présent règlement sera en vigueur à partir du 1ᵉʳ mai 1871.

Préfecture des Bouches-du-Rhône.

1ʳᵉ DIVISION.

EXTRAIT DU REGISTRE DES ARRÊTÉS.

NOUS, Préfet du département des Bouches-du-Rhône,

Vu la demande qui nous a été adressée par M. Pélabon, Frédéric, en sa qualité de Président, à l'effet d'obtenir l'autorisation de former un cercle à Marseille, sous le titre de « UNION DES AMIS DE L'ORDRE » (au 1ᵉʳ étage de la maison boulevard Chave, nº 1) ;

Vu le rapport de Monsieur le Maire de Marseille ;

Vu le Décret du 25 Mars 1852 ;

ARRÊTONS :

ARTICLE PREMIER.

Est autorisée la formation d'un Cercle, à Marseille, boulevard Chave, nº 1, sous le titre de

Union des Amis de l'Ordre.

ART. 2.

Ampliation du présent arrêté sera adressée à Monsieur le Maire de Marseille, chargé de la notifier au Président du dit Cercle et d'en assurer l'exécution.

Marseille, le 19 Juillet 1871.

O. SALVETAT.

Pour copie conforme :

Le Secrétaire-Général.

A. DAUSSE.

Pour copie conforme

Pour le Maire de Marseille, l'Adjoint délégué.

GUINOT.

Enregistré au Commissariat central sous le n° 14.

Marseille, le 2 Août 1871.

Le Commissaire central.

JACOMET.

Vu et enregistré au Commissariat de police du 11ᵐᵉ arrondissement.

Marseille, le 3 Août 1871.

Le Commissaire de police.

PLATEAU.

L'Union des amis de l'ordre, administrée civilement par le règlement organique du 4 mai 1871, autorisée par arrêté du Préfet des Bouches-du-Rhône du 19 juillet 1871, est, en outre, régie par le règlement intérieur dont la teneur suit :

Article premier.

L'*Union des Amis de l'ordre* est une association dont le but est de rallier tous les hommes de bonne volonté et d'employer leurs efforts communs à la défense de l'ordre toutes les fois qu'il est attaqué. Elle entend demeurer étrangère à la politique. Toutes délibérations sur ce sujet sont formellement interdites dans son sein.

Art. 2.

Les membres composant l'Association sont groupés par dizaines, composées des plus proches voisins. A chaque dizaine il est adjoint un chef dizainier et un sous-dizainier (qui remplace le chef dizainier lorsqu'il est empêché). Ils sont chacun dépositaires de la liste des hommes composant la dizaine.

Les dizaines sont reliées entre elles de la manière suivante :

Deux dizaines et leurs chefs, soit 24 hommes, sont sous la direction d'un double dizainier, dépositaire de la liste des hommes placés sous ses ordres.

Deux doubles dizaines et leurs chefs, soit 50 hommes, sont dirigées par un premier questeur et deux autres doubles dizaines par un deuxième questeur, chacun dépositaire des listes des doubles dizainiers placés sous ses ordres. — Il est adjoint aux questeurs un comptable et un aide comptable.

Enfin les quatre doubles dizaines, leurs chefs, les deux questeurs, les deux comptables, soit 104 hommes, sont dirigés par un centainier qui est dépositaire de la liste des questeurs, des comptables et des quatre chefs des doubles dizaines.

Le tableau suivant résume l'organisation ci-dessus :

CENTAINIER							
1er QUESTEUR. — Comptable.				2e QUESTEUR. — Aide-Comptable.			
1er Double Dizainier.		2e Double Dizainier.		3e Double Dizainier.		4e Double Dizainier.	
Dizainier. — Sous-Dizainier. — 10 Hommes	Dizainier. — Sous-Dizainier. — 10 Hommes	Dizainier. — Sous-Dizainier. — 10 Hommes	Dizainier. — Sous-Dizainier. — 10 Hommes	Dizainier. — Sous-Dizainier. — 10 Hommes	Dizainier. — Sous-Dizainier. — 10 Hommes	Dizainier. — Sous-Dizainier. — 10 Hommes	Dizainier. — Sous-Dizainier. — 10 Hommes

Dix centainiers sont reliés entre eux par un chef centainier.

Art. 3.

Les associés signent le règlement organique ainsi que le règlement intérieur. Ils prennent tous l'engagement d'honneur de les observer, de défendre l'ordre toutes les fois qu'il est attaqué et de répondre aux convocations qui, à cet effet, leur seront adressées.

Art. 4.

Il est pourvu aux grades désignés dans l'art. 2 par la voie de l'élection.

Les chefs et les sous-chefs de dizaine, ainsi que les chefs de double dizaine, sont nommés par scrutin de liste, à la simple majorité des voix composant la centaine.

Les centainiers, les questeurs et les comptables sont nommés par bulletins individuels, à la majorité absolue des voix composant la centaine.

Les chefs centainiers sont nommés par les dix centainiers et leurs questeurs.

Art. 5.

Pour la validité des élections, il faut la présence de la moitié plus un des électeurs inscrits sur les listes. A défaut, l'élection est renvoyée à huitaine, et ce jour-là les électeurs présents, quel que soit leur nombre, procèdent à l'élection.

Art. 6.

Les élections ont lieu chaque année, dans la première quinzaine de novembre, au local de la Société.

Le scrutin doit rester ouvert pendant six heures au moins avant le dépouillement.

Art. 7.

Les Membres de la Commission administrative ne peuvent être élus à aucun des grades prévus dans le présent article.

Art. 8.

Les avis de convocation pour la défense de l'ordre émanent du Président, après qu'ils ont été délibérés et votés en séance de la Commission administrative.

ART. 9.

Suivant le nombre d'hommes qu'il y a lieu de convoquer, les avis sont adressés à un ou à plusieurs chefs de dizaine ou de centaine. Ceux-ci convoquent à leur tour les hommes compris dans la liste dont ils sont dépositaires.

ART. 10.

Les avis de convocation ont pour objet un service de sécurité du quartier.

Les hommes désignés pour ce service sont de garde dans leur domicile.

En outre des hommes de garde à domicile, d'autres hommes font un service de ronde. Ils sont porteurs d'un ordre de service qui sert à les faire reconnaître si le concours des hommes de garde à domicile est par eux jugé nécessaire.

Les hommes de ronde ne peuvent réclamer le concours des hommes de garde que dans le cas où, par suite de tumulte ou de rassemblement, le domicile ou la personne d'un associé sont gravement menacés.

Art. 11.

L'exactitude et la discrétion sont de rigueur.

Art. 12.

Tout associé qui, sans un légitime motif d'excuse, n'obtempère pas à un service commandé, est passible d'un blâme pour la première fois. Dans le cas d'un second refus de service, il est exclu de l'Association.

Marseille — Typ. et Lith. Barlatier-Feissat Père et Fils.

www.ingramcontent.com/pod-product-compliance
Lightning Source LLC
Chambersburg PA
CBHW070230200326
41520CB00018B/5789